DIE SÖHNE EGALIAS

Wie die Männer im Land der Gleichberechtigung ihr Glück fanden

Peter Redvoort

Published by LULU.com
ISBN Nr. 978-1-4452-5104-2

DREI GUTE GRÜNDE UND EIN MISSVERSTÄNDNIS

Wann immer die Söhne Egalias gefragt werden
wie es denn dazu kam
dass in ihrem Land
die hundertprozentige Gleichberechtigung
eingeführt wurde
nennen sie drei Gründe
und die Aufklärung eines Missverständnisses:

DER ERSTE GRUND

Der erste Grund lautete:
Männer wollen Gerechtigkeit!

Männer setzen sich seit Menschengedenken
in vielen Ländern der Erde für Gerechtigkeit ein
und die meisten von Ihnen sind glühende Verfechter
der Demokratie.

„Sind wir wirklich glaubhafte Kämpfer für Gerechtigkeit?"
fragte einmal ein Vorstand einer großen egalischen
Organisation,
„wenn in unserem eigenen Land Frauen noch immer weniger
Möglichkeiten, weniger Ressourcen und offensichtlich
einen schwereren Zugang zu Machtpositionen haben?"

Und: „Müssen wir nicht, wenn wir auf Rednerpulten
in der ganzen Welt von Gerechtigkeit sprechen
auch sicherstellen, dass in unserem eigenen Land
Frauen die gleichen Bildungschancen erhalten, die gleichen
Verdienstmöglichkeiten – unabhängig davon, ob sie
auch einmal ein Kind gebären – den gleichen Zugang
zu Machtpositionen in Politik und Wirtschaft – und
zu allererst natürlich:
Das Recht auf ein selbstbestimmtes Leben?"

DER ZWEITE GRUND

Der zweite Grund
für das Erreichen der Gleichberechtigung war:
Männer denken wirtschaftlich!

Als die internationalen Statistiken im
Wirtschaftsvergleich der Länder dieser Welt zeigten
dass es starke Unterschiede im Reichtum und
Wohlstand zwischen den Staaten gab
wurde natürlich nach den Ursachen geforscht.

Eine wichtige Ursache für die Armut einzelner
Länder war, dass dort keine Strukturen herrschen
die sicherstellen, dass alle Ressourcen dieses Landes
genützt werden können:

In vielen dieser Länder lagen das Wissen und die Fertigkeiten
der weiblichen Hälfte der Bevölkerung einfach brach,
weil man ihnen nur eine Arbeit im Haushalt zugewiesen hatte.

Dabei hätten diese Frauen nicht nur als tatkräftige
Mitarbeiterinnen so manche Firma weiterbringen können,
auch die Hälfte der guten Business-Ideen, die
eine Wirtschaft in Schwung bringen können schlummerte
in den Küchen und Kinderzimmern dieser Länder
anstatt dass sie durch eine gute Ausbildung der Frauen

gefördert, optimiert und ans Tageslicht gebracht werden konnten.

Und nicht zuletzt war die Kaufkraft in jenen Ländern
in denen vorwiegend Männer Geld verdienten
nur halb so groß wie in jenen Ländern
in denen auch viele Frauen über ein eigenes Einkommen verfügten.

Viele internationale Konzerne brachten ihre Produkte
daher zuerst in jenen Ländern auf den Markt
in denen sie doppelt so viele potentielle Kunden
und Kundinnen haben würden:
In Ländern, in denen Frauen auch ihr eigenes Gehalt hatten.

„Wir müssen diesen destruktiven Kreislauf durchbrechen" war die Erkenntnis der Wirtschaftsmänner:

„Stellen wir sicher, dass alle Frauen den gleichen Zugang zur Bildung, zur Wirtschaft und zu den wirtschaftspolitischen Machtpositionen haben! Wir können es uns nicht leisten die Hälfte der menschlichen Ressourcen in unserem Land einfach ungenützt zu lassen!"

DER DRITTE GRUND

Der dritte Grund war:
Männer sind großzügig und hilfsbereit!

Wir alle wissen:
Männer haben großartige Hilfsorganisationen gegründet - allen voran das Rote Kreuz – und viele weitere folgten.

Und auch im Alltag sieht man:
Wo jemand hinfällt, da ist oft ein hilfsbereiter Mann zur Stelle
Wo etwas schweres zu tragen ist,
erklärt sich ein Mann bereit, mitzuhelfen.
Wo ein Computer defekt ist
finden sich bald ein paar Tüftler ein, die versuchen,
ihn wieder flott zu bekommen.

Männer sind also hilfsbereit – und es gab nur ein Missverständnis, warum sie diese Hilfsbereitschaft nicht auch auf die Benachteiligung von Frauen anwandten, warum sie so lange sagten „darum müssen sich die Frauen schon selbst kümmern", obwohl es offensichtlich war, dass hier Ungerechtigkeiten bestanden (denn es gab ja Statistiken):

DAS MISSVERSTÄNDNIS

Das Missverständnis bestand darin,
dass viele Männer jene Erfahrungen, die sie im Privatleben
mit Frauen hatten
auf die Politik umgelegt hatten.

Viele Männer, die eine Enttäuschung mit einer Frau
erlebt hatten,
sei es eine Trennung nach einer Liebesbeziehung
oder eine unerfüllte Sehnsucht nach einer bestimmten Frau
oder eine Zurückweisung in einer bestimmten Situation
ließen es zu
dass diese negative Erfahrung ihren Blick auf das
Thema Gleichberechtigung trübte.

In manchen Männern verfestigte sich ein negatives
Frauenbild, das sie jene drei logischen Argumente
vergessen ließ, warum Männer ganz selbstverständlich
gemeinsam mit Frauen an der Chancengleichheit
arbeiten können:

Weil alles andere ungerecht wäre, unwirtschaftlich und
nicht unserer solidarischen Einstellung entspräche.

Leider handelten viele Männer wie ein Fussballfan,
dessen Lieblingsmannschaft schon zum fünften Mal

vom gleichen Gegner geschlagen wird:
„Diese Mannschaft sollte man überhaupt ausschließen"
könnte sich ein solcher Mann wütend
über das permanent erfolgreiche Gegnerteam denken
das ihm persönlich so viel an Enttäuschung gebracht hat.

Aber ein solcher Fußballfan weiß, wenn sein Zorn
verflogen ist, dass es ein unfairer Sport wäre,
wenn einzelne Mannschaften ausgeschlossen werden
bloß weil man Niederlagen durch sie durchlitten hat.

Viele Männer konnten diesen Zusammenhang früher
leider nicht herstellen.

Der Satz „Bloß weil mir meine Frau untreu war
und schließlich die Scheidung eingereicht hat
stelle ich doch nicht in Frage
dass die Gleichberechtigung zwischen Frau und Mann
ein wichtiges Ziel in unserer Gesellschaft ist!"
wurde fast nie ausgesprochen.

Oder: „Bloß weil ich damals in der Schule
nicht die Gunst dieses hübschen Mädchens erringen konnte
und sie lieber mit dem Jungen aus der Klasse über uns ausging
brauche ich doch nicht ein Leben lang eine Abneigung
gegen Frauen in mir herumtragen, die mir die Sicht dafür
verstellt, dass ich, wenn ich in einer gerechten Gesellschaft

leben will, natürlich auch die Gleichberechtigung von Frauen unterstütze, so lange Benachteiligungen da sind."

Bedrückenderweise waren solche Sätze in der Vergangenheit sehr lange nicht gesagt worden.

Die Kraft dreier allgemein verständlicher
guter Argumente für das Bemühen um Chancengleichheit
auch seitens der Männer
war durch ein Missverständnis blockiert worden,
das gekränkten Männerstolz aus dem Privatleben
zum Politikum gemacht hatte.

Die Söhne Egalias klärten dieses Missverständnis jedoch auf.

FRIEDEN

Die Söhne Egalias leben in einem friedlichen Land.

Sie hatten keine Lust mehr
Waffen zu produzieren
deren eindeutiger Zweck es war
Dinge zu zerstören
die vorher mühsam gebaut worden waren.

Sie hatten Familien – Frauen, Kinder,
Mütter, Väter, Geschwister
die sie nicht gefährden wollten.

Und jene Männer
die bereits Familienangehörige in einem
Krieg verloren hatten
schlossen sich zu einer mächtigen Organisation
zusammen
die die „kriegerischen" Machthaber aufforderte
ihre Verantwortung für menschliches Leben
wahrzunehmen.

Den kein anderes Ziel kann über dem menschlichen
Leben stehen.

FRIEDLICHE MÄNNLICHKEIT VORLEBEN

Genauso gab es Männer
die durch Kriminalität
eine Tochter verloren hatten oder einen Sohn
eine Schwester oder einen Bruder
eine Mutter oder einen Vater.

Und es ist allgemein bekannt
dass die Täter fast ausnahmslos männlich waren.

Diese betroffenen Familienväter diskutierten
welche Zusammenhänge es wohl
zwischen den vorherrschenden Männlichkeitsidealen
und der Art der Konfliktlösung gibt
wie sie von diesen gewalttätigen Männern gewählt wird.

Sie taten das ohne schlechtes Gewissen,
denn die meisten Männer sind friedlich
aber doch so selbstkritisch
um sich die Frage zu stellen
Wann und wo haben wir gelernt
wie man Konflikte löst
und warum haben andere Männer
es anders gelernt?

Das Ergebnis war der Entschluss

friedliche Männlichkeit vorzuleben.

Nicht nur den eigenen Kindern
sondern in allen gesellschaftlichen Bereichen
in denen Männer tätig sind.

Eine wichtige Vorreiterrolle spielte dabei
eine internationale Organisation namens
WHITE RIBBON, die sich schon Ende
des zwanzigsten Jahrhunderts
mit dem Thema befasste
wie Männer ihre Ablehnung von Gewalt an Frauen
öffentlich zeigen können.

AKTIVE VATERSCHAFT

Die Söhne Egalias können mehr Zeit mit ihren Kindern verbringen.

Viele Väter fanden es zunehmen schade,
die wichtigsten Entwicklungsschritte ihrer Sprösslinge
nur sehr eingeschränkt mitverfolgen zu können.

Und sie wollten gemeinsam mit ihren Kindern hinaus in die Natur
(denn wenn wir ehrlich sind: in den Büros und Fabriken
ist es ja an einem schönen Sommertag recht frustrierend).

Möglich gemacht haben das finanzielle Ausgleichszahlungen
die sich nach dem bisherigen Einkommen des betreffenden
Vaters richten.

Und die finanzielle Situation der Familien wurde in diesen
Familienphasen auch deshalb nicht so belastet
weil ja die meisten Frauen ebenso Geld verdienten
und zwar auf dem gleichen Niveau wie ihre Männer.

VÄTER TAUSCHEN ERFAHRUNGEN AUS

Die Söhne Egalias sind kompetente Väter,
was die Themen Kinderpflege,
Kindererziehung und Kinderernährung betrifft.

Denn diese Väter schieben ihre Kinderwägen
nicht alleine durch die Parks
sondern treffen sich regelmäßig
um sich auszutauschen
am liebsten bei Väter-Kaffeerunden.

Wenn es also früher ab und zu
kritische Anmerkungen der Mütter gab, wie etwa
„Das machst du nicht richtig“ oder
„Das gehört anders“
so gibt es jetzt neue Diskussionsbeiträge
von den Vätern
die sich selbst auch informiert haben.

Denn auch dazu hatten sie früher wenig Zeit
als sie den ganzen Tag im Büro hocken mussten.

FRIEDLICHE VÄTER

Die Söhne Egalias haben vor allem deshalb
so intensiv an einer friedlichen Gesellschaft mitgearbeitet,
weil sie durch ihre aktive Vaterschaft erkannt haben
wie zerbrechlich und schutzbedürftig
das menschliche Leben ist
und wieviel Mühe es kostet
ein Kind aufzuziehen.

Gab es früher offensichtlich Soldaten,
die dazu fähig waren, andere Menschen umzubringen
weil sie die jahrelangen Mühen
ein kleines Kind heranzuziehen
nicht aus eigener Erfahrung kannten
(das hatten sie ja den Frauen überlassen)
so traten die Soldaten Egalias irgendwann in einen Streik
und sagten:

„Wir wollen nicht mehr auf andere Menschen schießen!
Wir wissen aus eigener Erfahrung, wieviel
Mühe es bedeutet, ein Kind bis zum Erwachsenenalter
zu betreuen.
und wir wollen ein solches Menschenleben nicht durch
einen sekundenschnellen Schuss vernichten."

Und so einigten sich die Egalier schließlich darauf

Konflikte in Zukunft auf andere Weise
als auf eine militärische Art zu lösen.

GEMEINSAMES SORGERECHT

Durch die aktive Vaterschaft der Söhne Egalias
gibt es bei einer Scheidung fast keine Konflikte mehr
was das Sorgerecht oder den Aufenthalt
der gemeinsamen Kinder betrifft.

Denn die geschiedenen Väter Egalias haben ja bewiesen
dass es ihnen um das Wohl ihrer Kinder geht
indem sie ihnen viel Zeit gewidmet hatten
und nicht um einen Machtkampf mit einer Frau
symbolisiert durch das „Recht bekommen"
auf die gemeinsamen Kinder.

INTERESSANTERE EHEN

Die Söhne Egalias führen interessantere Ehen
als früher,
als viele von ihnen zu Frauen nach hause kamen,
die nur vom Haushalt und der Kindererziehung
erzählen konnten.

Durch die Gleichberechtigung im Berufsleben
gibt es beim gemeinsamen Abendessen
angeregtere Gespräche.

Männer erfahren eine Menge interessante
Dinge aus dem Berufsleben ihrer Frauen
und haben selbst das Gefühl
besser verstanden zu werden
weil ihre Partnerin ja weiß
wie es ist, Probleme im Beruf zu haben,
aber auch Erfolge,
das Bemühen weiterzukommen im Job,
mit welchen Strategien man Konflikte in einem Team lösen
kann
und vieles mehr.

„Ich möchte diese langweiligen Abende nicht mehr erleben“
sagt so mancher Mann in Egalia. Und ihre Frauen
stimmen ihnen zu.

BESSERER SEX

Es klingt unglaublich
aber auch die sexuelle Zufriedenheit
ist unter den Männern Egalias gestiegen!

Denn in der Zeit,
als Männer noch öfter in einer Machtposition waren
gab es Ehen und Lebensgemeinschaften zwischen Frauen
und Männern
die nicht nur von Liebe geprägt waren,
sondern von der Suche einer Frau nach wirtschaftlicher
Sicherheit.

Solche Beziehungen, die also – oft unausgesprochen – einen
wirtschaftlichen Hintergrund hatten
führten nicht unbedingt zu jener leidenschaftlichen Sexualität
die beidseitiger Liebe entspringt
sondern förderten teilweise
ein lustloses erotisches „Pflichtprogramm“.

Nunmehr werden in Egalia fast ausschließlich
nur mehr Zweierbeziehungen geknüpft
die in gegenseitiger Liebe begründet sind
und nicht in einer Abhängigkeit.

Das tut der Leidenschaft sehr gut.

Und auch die Berufstätigkeit der Frauen Egalias
trägt dazu bei, dass sie mehr Lust bekommen.

Denn das Leben als Hausfrau war langweilig.
Und der Sex wurde es auch.

Und manche Paare hatten früher überhaupt weniger Sex
weil den Männern die Zeit dazu fehlte
in aller Ruhe eine erotische Situation entstehen
zu lassen.

Sie mussten ja „gleich in die Arbeit“ oder kamen
"spät von der Arbeit nach hause".

Da die Söhne Egalias durch die Erwerbstätigkeit
ihrer Frauen nun öfter Teilzeit-Jobs haben
ist auch für diese erotischen Stunden mehr Zeit.

GLÜCKLICHERE BEZIEHUNGEN

Die Söhne Egalias haben auch deshalb glücklichere
Liebesbeziehungen
weil die verstärkte Anwesenheit ihrer eigenen Väter
in ihrer Kindheit und Jugend
ihnen ein viel realistischeres Bild einer Zweierbeziehung
vermittelt hat als das früher der Fall war.

Davor bekamen - sowohl Jungs als auch Mädchen -
oft nur eine klischeehafte Vorstellung davon
wie man eine Liebesbeziehung führt
denn sie sahen ja so selten mit eigenen Augen
wie ihre Väter mit ihren Müttern umgingen
wie Zärtlichkeit und Vertrauen gelebt werden
und wie man Konflikte löst.

So manche Mädchen hatten damals das Bild eines "Prinzen"
im Kopf
und so mancher Junge das Bild einer "Prinzessin"
und Enttäuschungen waren vorprogrammiert.

Junge Menschen gehen nun mit viel realistischeren
Vorstellungen Liebesbeziehungen ein
und sind glücklicher damit als die Generation davor.

WENIGER ARBEITEN

Wie bereits gesagt:
Die Söhne Egalias arbeiten weniger.

Einerseits hat sich die Arbeit nun besser
auf Frauen und Männer aufgeteilt:

Ein Paar, das über zwei Einkommen verfügt
kann es sich leisten
dass jeder der beiden nur mehr Teilzeit arbeitet.

Und es hat sich eine neue Philosophie
des Arbeitens durchgesetzt.

Doch dazu gleich mehr:

GELD WIRD WENIGER WICHTIG

Den Söhnen Egalias ist das Geld weniger wichtig.

Durch die Neuverteilung der Arbeit
zwischen Frauen und Männern
und dem Zeitbudget
das viele Männer jetzt durch ihre Teilzeit-Jobs
für andere Tätigkeiten bekommen haben
haben sie entdeckt
wie schön die Freizeit ist
und was ihren Vätern, die noch von früh bis spät
arbeiten gingen
alles entgangen ist.

„Geld ist mir nicht wichtiger als Zeit"
sagen immer mehr Männer Egalias.
Und sparen nicht mehr auf das große Eigenheim
oder auf das große Auto
das sie nur wenige Stunden pro Woche verwenden könnten
wenn sie durch „harte Arbeit" darauf hinsparten.

„Jenes Urlaubsgefühl, das ich mir früher
nur einmal im Jahr durch einen teuren Urlaub
am Meer leisten konnte
habe ich nun jeden zweiten Tag
weil ich durch meinen Teilzeit-Job

viel öfter raus aus der Stadt fahren kann
oder ins nächste Schwimmbad
oder mich einfach auf eine Bank im Park setze."

So oder ähnlich argumentieren die Egalier.
Und meistens grinsen sie dabei.

MACHTVERZICHT

Die Söhne Egalias haben zunehmend auf Machtpositionen verzichtet
nachdem in ehrlichen Gesprächen klar wurde
dass Macht auch Verantwortung bedeutet
und psychologisch gesehen
oft eine Belastung ist.

In den Jahrhunderten davor
in denen die Männer noch nicht so viel miteinander redeten
hielt sich das Märchen von den
„Superjobs" der Mächtigen
die so sorglos in ihren großen Autos
durch die Welt zu fahren schienen.

Durch die offenen Diskussionen
mit Machthabern, die ihre Masken zunehmend ablegten
wurde immer klarer:

Es ist nicht so toll
stundenlang in Verhandlungen zu sitzen
spät abends heimzukommen
und die Firmenthemen nie aus dem Kopf zu bekommen
weil von den eigenen Entscheidungen sehr viel abhängt.

„Das können in Zukunft ruhig auch mehr Frauen machen“
war eine Erkenntnis.

„Mein Leben ist zu kurz, um es nur mit Arbeiten
zu verbringen“ brachte es ein Manager auf den Punkt.
„Und auch mit dem tollsten Gehalt kann ich mir
wenn ich einmal am Sterbebett liege
die verlorenen Stunden nicht zurückkaufen
die ich bei schönem Wetter
in meinem Büro sitzen musste.“

HAUSARBEIT ALS ABWECHSLUNG

Die Söhne Egalias haben nichts dagegen
Hausarbeit zu machen.

Die meisten von ihnen sitzen sowieso
in ihrem Job vor Bildschirmen
was der Gesundheit des Bewegungsapparates
nicht unbedingt zuträglich ist.

Sie müssen die Hausarbeit nicht mehr
erschöpft in die Abendstunden quetschen
oder in die schönen Wochenenden verschieben
denn sie haben ja aufgrund ihrer Teilzeit-Jobs
auch an einem verregneten Donnerstagvormittag
dafür Zeit.

Dann legen sie ihre Lieblingsmusik auf
und pfeifen beim waschen und putzen mit.

Und es wird erzählt,
dass das sogar zu einem klareren Kopf führt.

EINE BESSERE UMWELT

Die Söhne Egalias leben ein ökologisches Leben.
Die Städte, in denen sie leben sind grün geworden.

Nicht nur haben sie mehr Parks erkämpft
als ihnen durch ihre aktive Vaterschaft klar wurde
wie wenig Spielraum ihre Kinder noch haben.

Nein, sie können auch durch ihre kürzeren
Arbeitszeiten öfter mit dem Rad oder zu Fuß
in die Arbeit gehen (oder laufen)

„Früher nahm ich mir mein Fitnesstraining auf
dem Fahrrad oder meine Spaziergänge immer fürs
Wochenende vor“ bringt es einer der Egalier
auf den Punkt.

„Jetzt haben die meisten von uns durch ihre
Teilzeit-Jobs die Zeit, mehr Bewegung auf ihrem
Weg zur Arbeitsstelle zu machen.
Und die zusätzlichen Grünflächen,
die für die Väter und Kinder angelegt wurden
sind auch für uns wunderbare Sport- und Gymnastikplätze.“

KEINE SEXISTISCHE WERBUNG MEHR

Die Söhne Egalias haben auch die sexistische Werbung abgeschafft.
Sie waren es leid, unterschiedlichste Produkte
in der Werbung vorgesetzt zu bekommen,
die nichts mit Frauen zu tun hatten
und dennoch neben einer spärlich bekleideten Frau
abgebildet waren.

„Was wirft denn das für ein Bild auf uns Männer?"
fragte einer der führenden Männeraktivisten einmal.
„Halten uns diese Firmen nicht in Wirklichkeit
für so dumm wie Hasen, die jeder Karotte nachlaufen,
Hauptsache sie ist orange und länglich?"

Und Sie begannen Beschwerdebriefe zu schreiben
wie etwa den folgenden:

„An die Werbe-Abteilung der Firma ...
Ich möchte Sie informieren, dass Ihre Werbekampagne zum Produkt ... mich ziemlich verärgert. Diese Werbung vermittelt mir den Eindruck Sie hielten uns Männer für so dumm,
dass wir jedes Produkt kaufen, bloß weil eine hübsche Frau daneben abgebildet ist.

Da ich mich jedoch nicht für dumm verkaufen lasse

mache ich die Männer in meinem Umfeld auf ihre seltsamen Werbephilosophie aufmerksam – und da meine Bekannten und Freunde meiner Meinung sind sinkt also das Image Ihrer Firma – ein Schneeballeffekt.

Fällt Ihren Werbespezialisten nichts besseres ein?

Mit verärgerten Grüßen

...“

EIN VERNÜNFTIGES EINKOMMEN

Die Söhne Egalias laufen nicht mehr blindlings „dem großen Geld“ nach.

Sie haben erkannt dass die „Millionenspiele“ und Lotterien der Trick eines Wirtschaftssystems sind, in dem viele Menschen arm bleiben, um die Menschen bei Laune zu halten.

„Wieviel Geld braucht ein Mensch im Monat?“
war eine Frage, die die Egalier und Egalierinnen offen diskutierten, anstatt einander schamhaft ihre Gehälter zu verschweigen.

„Und wieviel Platz braucht ein Mensch – wie groß sollte eine Wohnung sein? Wie viele Quadratmeter sollten es dann zusätzlich für einen Lebenspartner und für Kinder sein?“

Nachdem für diese Fragen Mittelwerte gefunden wurden,
auf die sich die Bevölkerung Egaliens einigen konnte
gerieten jene Reichen in einen Erklärungsnotstand,
die offensichtlich mehr als zehnmal so viel monatlich
verdienten als diese Mittelwerte
und die für sich alleine Immobilien besaßen
die mehr als zehnmal so groß waren wie diese „vernünftigen

Wohnungsgrößen".

„So lange es noch Armut in unserem Land gibt,
entspricht es nicht unseren Vorstellungen von
Gerechtigkeit
dass manche um so viel mehr haben als andere
ohne dass sie ihren Beitrag zur Bekämpfung der
Armut leisten."
sagte schließlich ein Vertreter der reichsten
Bevölkerungsschicht
und eine Menge Geld wurde zugunsten der
Armen umverteilt.

Dazu kam, dass viele jener Egalier,
die vom großen Reichtum träumten
offensichtlich selbst gar keinen Millionär
(oder eine Millionärin) kannten
also nicht wussten, ob der Reichtum
einen wirklich zufriedener macht.

Denn die aufstrebende „Glücksforschung"
hatte bereits gezeigt:
Geld macht nicht wirklich glücklich.
Vor allem dann nicht, wenn man
in einem Umfeld lebt, das im Vergleich
so wenig Geld hat
dass man als Reicher in Gefahr ist.

VOM ENDE DER KRIMINALITÄT

In Egalia gibt es fast keine Kriminalität mehr.

Zum einen hat die aktive Vaterschaft der Egalier
dazu geführt, dass sich auch immer mehr Männer für das
pädagogische Thema der gewaltfreien Konfliktlösung
interessierten:

So wurde in immer mehr Schulen und Kindergärten
von frühester Kindheit an geübt
wie man Streit ohne Gewalt schlichtet.

(Ein wichtiger Baustein dafür war das Konzept
der „Gewaltfreien Kommunikation" von Marshall
B. Rosenberg)

Zum zweiten war das Ideal des „Reichtums"
enttarnt worden, dem früher viele Kriminelle
nachliefen (siehe letzter Text).

Und drittens verschwand die Gewalt zunehmend
aus den Medien:

WIE DIE GEWALT AUS DEN MEDIEN VERSCHWAND

Die Söhne Egaliens leben auch deshalb in einem friedlichen Land, weil die Gewaltszenen zunehmend aus den Medien verbannt wurden.

Anfang des einundzwanzigsten Jahrhunderts herrschte eine paradoxe Situation:

Einerseits bemühten sich internationale Organisationen intensiv um Frieden in den Kriegsherden der Welt, andererseits herrschte in den friedlichen Ländern der Welt eine Freizeitkultur in der Gewalt im Kino oder in Computerspielen immer wieder als „cool“ oder zumindest als durchaus akzeptabel galt.

Vorschub geleistet hatte dieser Einstellung eine gewisse „Wehtun ist lustig“ Attitüde die in so manchem Zeichentrickfilm aber auch in vielen „Daily Soaps“ vorkam:

Da durfte schon gelacht werden, wenn der andere sich verletzte oder sogar, wenn der andere weinte.

Und wer genauer hinsah, der erkannte:
diese Zeichentrickfilme und diese Soaps
kamen alle aus bestimmten Ländern
die für ihre gewalttätige Kultur allseits bekannt waren.

Bald gab es seltsame Entwicklungen:
Es wurde von Kindern berichtet
die andere aus Spaß verprügelten
und das mit ihren Handys filmten.

Und es gab die eine oder andere Show
in der es darum ging, wer am besten
Schmerzen ertragen konnte.

„Vielleicht erhalten unsere Kinder unterschiedliche
Botschaften zum Thema Gewalt“
sagten einmal die pädagogisch Verantwortlichen.
„Wir sind als Gesellschaft nicht glaubhaft,
wenn wir in unseren Schulen die gewaltfreie
Konfliktlösung unterrichten
und gleichzeitig im Nachmittagsprogramm
Serien ausstrahlen, in denen Mobbing und
Gewalt als Spaß dargestellt wird.“

Und obwohl es große Widerstände von der
internationalen Filmindustrie gab
wurden nicht nur diese Serien durch „friedliche

Serien" ersetzt – die es ja zuhauf noch aus den Sechziger- und Siebzigerjahren gab,
sondern auch in unter den Kinofilmen strenger gefiltert:

„Gewalt ist etwas, das sich durch permanente
visuelle Wiederholung immer weiter fortsetzt"
war ein neuer Grundsatz der reformierten
Medienkommission.

Und diese Kommission verbat die Ausstrahlung
aller Filme
in denen die Tötung eines Menschen deutlich
zu sehen war.

Das bedeutete bei weitem nicht
das Ende aller Krimis und „Thriller".

Das bedeutete den Beginn einer Kinokultur,
die Gefahren und den Tod so verhalten darstellt,
dass sie nicht zur visuellen Normalität werden
und damit zur Desensibilisierung der Bevölkerung
führen.

DAS ENDE DER KILLERSPIELE

Und natürlich hieß das auch
dass die Söhne Egalias keine Computerspiele mehr
akzeptierten in denen Menschen getötet wurden.

„Wenn Mord eine kriminelle Handlung ist,
die in unserem Rechtssystem mit harten
Strafen geahndet wird
so kann es uns nicht egal sein
dass Jugendliche das virtuelle Morden
als ´lustige´ Freizeitbeschäftigung sehen."
lautete eine Kernaussage der neuen Verbotsgesetze.

Und dabei ging es nicht einmal um die jugendlichen
Amokläufer, die dieses Thema bereits in der Vergangenheit
immer wieder in die Nachrichten gebracht hatten.

Es ging um die Erträglichkeit des Anblickes von Gewalt.

Forscher hatten in Experimenten festgestellt
dass Jugendliche, die sehr oft gewalttätige Computerspiele
spielten
langsamer oder gar nicht reagierten
wenn sie in ihrer Umgebung Schreie hörten
die auf Gewalthandlungen hinwiesen.

Sie waren sich offensichtlich nicht mehr sicher
ob hier jemand in Gefahr war
oder nicht.

Sie hatten sich an Gewalt gewöhnt
weil sie vor sich auf dem Bildschirm oft stundenlang
blutende Menschen vor sich auf den Boden sinken
gesehen hatten
und es nicht unerträglich fanden.

Aber natürlich war die Zeit vor dem Verbot
der Killerspiele von der „Schwarzmarkt Diskussion“
begleitet worden:

„Wenn wir diese Spiele verbieten, wird es einen
Schwarzmarkt dafür geben“ sagte die Lobby
der Spiele-Firmen
und einige der hartgesottenen Fans.

Doch auch diese Interessensgruppen mussten zugeben:
Für alles, was verboten wird
gibt es einen Schwarzmarkt:
Für Waffen, Drogen und Kinderpornographie.

Und das führt nicht dazu
dass diese Dinge wieder erlaubt werden.

SEXFILME STATT PORNOGRAPHIE

Die Söhne Egalias sehen sich manchmal Sexfilme an.
(Übrigens tun das auch die Frauen in Egalia)

Aber es gab eine offene Diskussion
über besorgniserregende Dinge, die zunehmend
in Pornofilmen zu sehen waren.

Nachdem einige Männer in Egalia die Scham überwunden hatten, einmal zuzugeben,
dass sie immer wieder Pornofilme angesehen hatten
sprachen sie auch offen darüber
dass darin immer wieder Handlungen zu sehen waren
die Frauen ganz augenscheinlich unangenehm sein mussten.

Es war nicht zu leugnen
dass es in sehr vielen Pornos um
Frauenerniedrigung ging
(was bereits Alice Schwarzer und Andrea Dworkin
vor vielen Jahren richtig bemerkt hatten).

„Ich sehe mir gerne normalen Sex zwischen Männern und Frauen an," meinte einer der Egalier
„aber ich finde solche Filme immer seltener!
Ich sehe dort zunehmend Dinge, die ich noch nie im wirklichen Leben erlebt habe,

und ich befürchte
dass auch viele Jugendliche diese Filme sehen
und so einen völlig verzerrten Eindruck von Sexualität
bekommen."

Und so wie die Killerspiele und die
gewalthaltigen Filme und Serien aus
Egalia verbannt wurden
so wurde auch die Pornographie verboten
die Frauen erniedrigend darstellt.

Man holte ältere „Sexfilme" aus den Archiven
und machte diese teilweise auch den Jugendlichen
ab einem gewissen Alter zugänglich
wenn sie Sexualität in einer Art und Weise darstellten
wie sie die Egalier auch von sich selbst kannten.

DAS VERSCHWINDEN DER PROSTITUTION

Die Söhne Egalias haben auch die Prostitution abgeschafft
nachdem sie erkannt hatten
wie oft diese mit Frauenhandel
und Gewalt zu tun hat.

„Wir können nicht dulden,
dass in unseren Städten Frauen
zum Sex gezwungen werden
bloß weil man damit viel Geld verdienen kann"
war eine der Kernaussagen der egalischen
Entscheidungsgremien.

Für jene Personen, die auf die heilende Wirkung
intimer Berührungen wert legten
wurden im Rahmen des Gesundheitssystems
auch Abteilungen für intime Massagen eingeführt,
die mit legalen Angestellten (Frauen und Männern)
besetzt wurden, die nicht mehr verdienten als andere
Gesundheitsbedienstete.

DAS VERSCHWINDEN DER ARMUT

Die Söhne Egalias haben gemeinsam mit den Töchtern
Egalias die Armut beseitigt.

Die Existenz derart großer Reichtümer
dass die Armut auf der ganzen Welt damit
zu beseitigen wäre
war ja seit langem bekannt.

Einziges Hindernis dafür
dass dieser Reichtum den Armen zugute kommen konnte
war die Habgier einiger Männer
die offensichtlich den Hals nicht voll genug bekamen
obwohl sie bereits das tausendfache der „normalen Menschen"
besaßen.

Doch diese Männer wurden mit
guten Psychotherapeuten zusammengebracht
die in vielen Sitzungen herausarbeiteten
welche Neurosen die wahren Ursachen
der Unmäßigkeit dieser Superreichen waren.

Manchmal war es ein frühkindlicher
Mangel an Zuneigung seitens der Eltern
oder gar eine Geringschätzung der kindlichen Fähigkeiten
(„Du bist zu dumm dazu")

die zu einem unmäßigen Wunsch nach Ausgleich führten
(„Wenn ich einmal reich bin
werde ich es euch allen zeigen“)

Manchmal war es eine unerfüllte Sehnsucht
nach der Liebe einer Frau
(„Wenn ich reich bin, kann ich jede haben“).

Manchmal waren es andere Neurosen,
die den Reichen jegliches Augenmaß dafür
verlieren ließen
wie viel von seinem Geld er jemals würde nützen
können
und wieviel Gutes er damit für die Armen der Welt
erreichen könnte.

Die Psychotherapie der „Reichtumsneurosen“ zeigte
sich fast immer als effektiv
und öffnete den Reichen den Blick dafür
welchen großen Beitrag sie
als Einzelpersonen
für eine Kultur der Gerechtigkeit der Güterverteilung
leisten könnten.

Denn manche von ihnen hatten auch
in ständiger Angst gelebt
dass jener extreme Gegensatz

von Armut und Reichtum
den sie in den Augen der Armen provozierten
die Neider an ihre Fersen heftete
von denen es viele nicht gut mit ihnen meinten.

EIN NEUER KARRIEREBEGRIFF

Vielleicht ist es an dieser Stelle bereits klar geworden:
Die Söhne Egalias haben einen anderen Karrierebegriff
als die Männer in der Generation vor ihnen.

Karriere zu machen heißt für sie nicht mehr
„Auf jeden Fall immer mehr Geld verdienen"
oder
„Auf jeden Fall eine Stufe hinauf in der Hierarchie".

Der neue Leitsatz der meisten Egalier lautet jetzt:
„Wie kann ich meine Fähigkeiten am besten einsetzen?
Damit mir die Arbeit Spaß macht
und die Gemeinschaft von diesen Fähigkeiten profitiert?"

Das kann jetzt oft auch heißen
das ganze Leben einen Job auf der gleichen
Hierarchieebene zu machen
und gleich viel zu verdienen
wenn er nach wie vor Spaß macht
und vom Arbeitsumfeld geschätzt wird.

DAS VERSCHWINDEN DER ARBEITSLOSIGKEIT

Die Söhne Egalias haben das Wort Arbeit
durch das Wort Aufgabe ersetzt
und damit die Arbeitslosigkeit abgeschafft.

Denn es gibt zwar immer wieder einen Mangel an bezahlten Arbeitsplätzen
Aber es gibt fast immer etwas Sinnvolles zu tun –
also sinnvolle Aufgaben zu erledigen.

Und nachdem der Common Sense in Egalia
dass der Wohlstand unter allen gut verteilt werden soll
dazu geführt hat, dass auch das Arbeitslosengeld
recht hoch ist,
sind jobsuchende Personen nicht nur bereit
eine bezahlte Arbeit anzunehmen
sondern übergangsweise auch
eine ehrenamtliche Aufgabe.

Das frühere Arbeitsamt wurde daher in Aufgabenamt umbenannt
und vermittelt nun nicht mehr nur bezahlte Jobs
sondern auch Aufgaben, für nichts bezahlt werden kann
die jedoch trotzdem als gesellschaftlich wichtig
erachtet werden.

Und nachdem die Söhne Egalias
wie bereits beschrieben
nicht unbedingt blind jedem Euro nachlaufen
sondern auch den Sinn eine Tätigkeit schätzen
hat es sich eingebürgert
das sie ganz gerne diese ehrenamtlichen Tätigkeiten
durchführen.

Die Isolation und Frustration, die es früher
bei Arbeitslosen gab, tritt daher fast nicht mehr
ein.

Und auch das Schamgefühl, weniger zu verdienen
als andere gibt es nicht mehr
seit es in Egalia so viele Teilzeitjobs gibt
die Frauen und Männer zu gleichen Anteilen machen.

TEILZEITJOBS MANAGEN

Die Söhne Egalias schaffen es
auch Managementpositionen in Teilzeit auszuführen.

Früher hörte man oft:
„Es tut uns leid, aber diese Position lässt sich
nicht mit einem Teilzeitmitarbeiter besetzen"
Vor allem bei Managementpositionen.

Doch wirklich gutes Management bedeutet
delegieren zu können.

Und wer nicht fähig ist
notwendige Aufgaben so aufzuteilen
dass sie von einer Teilzeit-Position aus zu koordinieren sind
(genauso wie man Aufgaben neu aufteilen muss
wenn Teile des Managements auf Urlaub sind)
der ist kein guter Manager
sondern selbstverliebt in die eigene Unverzichtbarkeit.

DAS VERSCHWINDEN DER MÄNNLICHKEITSKLISCHEES

So vieles, was sich in Egalia änderte
war nur deshalb möglich
weil die Männer Egalias selbstbewusst waren
und aus diesem Selbstbewusstsein heraus
keine Angst davor hatten
sich selbstkritische Fragen zu stellen.

Wer über Männlichkeit diskutiert
und sich seiner eigenen Männlichkeit nicht sicher ist
lehnt so manches ab
was ihm an neuen Freiheiten möglich ist.

Dort, wo die Selbstsicherheit der Söhne Egalias
zunächst nicht vorhanden war
weil sie keine unterstützenden und kommunikativen
Väter hatten
oder keine anderen Bezugspersonen
dort entstand sie durch das offene Gespräch unter Männern
in denen alle Fragen erlaubt waren
und Klischees entlarvt wurden.

„Du musst das nicht tun, bloß weil du ein Mann bist"
war ein sehr befreiender Satz, der oft fiel.
„Ich kann mir auch als Mann die Freiheit nehmen

mein Leben anders zu gestalten"
war ein weiterer wichtiger Satz.

Dieser Satz wurde selbstverständlich auch
homosexuellen und Transgender Personen
zugestanden.

Das Mannsein in Egalia
ist daher recht unbeschwert von Männlichkeitsregeln
die man nicht hinterfragen darf.

Die Söhne Egalias sind selbstbewusst genug
auch Frauen zu akzeptieren, die klüger,
stärker, „erfolgreicher" oder besser ausgebildet sind.

Die Söhne Egalias dürfen schwach sein,
Trauer zeigen, Mutlosigkeit und Sehnsucht,
und leben sehr gut damit.

Die Männer Egalias dürfen wieder Menschen sein.

NACHWORT

Ich habe die Idee für dieses Buch schon lange mit mir herumgetragen, und es schließlich recht hastig niedergeschrieben, um das Projekt nicht auf den „Sankt Nimmerleinstag" zu verschieben.

Möglicherweise werde ich es auch gar nicht groß korrekturlesen lassen.

Das heißt: Es ist kein perfektes Buch geworden. Über so manche Formulierung werde ich mich wahrscheinlich später einmal ärgern, ebenso darüber, dass ich diesen oder jenen Gedanken nicht noch mit hineingebracht habe.

Und auch die Reihenfolge könnte einem Leser oder einer Leserin chaotisch vorkommen ...

Vielleicht gibt es in der Zukunft die Möglichkeit, eine neue, „perfektere" Auflage zu drucken.

Ich hoffe jedoch, dass die Botschaft hinter diesen Texten klar wird: Es gibt keinen Grund, warum wir Männer ewig zuwarten müssen mit dem gemeinsamen Eintreten für die Chancengleichheit für Frauen und Männer: Wenn wir in einer gerechten und friedlichen Welt leben möchten, dann müssen wir jetzt damit beginnen. Ich bin der festen Überzeugung, dass wir damit andere gesellschaftliche Probleme wie etwa den Umweltschutz und die Friedenspolitik wesentlich verbessern können.

München im Dezember 2009 *Peter Redvoort*

Literaturschlagworte / Keywords die mit den Themen dieses Buches verwandt sind:

Gender Mainstreaming Manual - Gender Training Manual , Gender Training für Männer, Gender Training mit Männern, Geschlechtssensibler Unterricht mit Jungen, Geschlechtssensibler Unterricht mit Burschen, Unterrichtsmaterialien Unterrichtsmaterial, Arbeitsblätter Arbeitsblatt, Gender Unterricht an Schulen, Burschenarbeit, Jungenarbeit, Politische Lyrik, Politische Gedichte, das politische Gedicht, Männer und Gleichberechtigung, Männeremanzipation, Männer und Chancengleichheit, Pornographiesucht – Pornosucht, Sexualberatung, Sexualtherapie, Bore Out, Burn-Out, Stressprävention, Feministische Wirtschaftspolitik, Feministische Ökonomik, feministische Ökonomie, Männer und Feminismus, feministische Lyrik, feministische Poesie, Profeministische Männerbewegung, antisexistische Männerbewegung, Feministische Autoren, profeministische Autoren, Die Töchter Egalias, Die Töchter Egaliens, Männer gegen Männergewalt, Whiteribbon, Equal Rights Movement, Emanzipation, Frauenemanzipation, Frauenrechte, Frauenförderung, Frauenförderungsprogramme, Antisexismus, Homophobie, Angst vor Homosexualität, Gender Budgeting,

Buchklappentext:

„Die Männer würden im Land der Gleichberechtigung sehr gut leben“ ist die Vision von Peter Redvoort, der mit seinen kurzen, aber prägnanten Texten zwar auf „Die Töchter Egalias“ von Gerd Brantenberg Bezug nimmt, aber hier keinen Roman, sondern eine Sammlung politischer Lyrik zum Thema „Männer und Gleichberechtigung“ veröffentlicht.

Das Buch wird daher nicht nur gerne an Männer verschenkt, sondern auch oft im geschlechtssensiblen Unterricht an Schulen sowie im Gender Training in der Erwachsenenbildung verwendet.

www.ingramcontent.com/pod-product-compliance
Ingram Content Group UK Ltd.
Pitfield, Milton Keynes, MK11 3LW, UK
UKHW041839200726
13854UKWH00003BA/1225

9 781445 251042